AF312597

ALBERT CARRIER=BELLEUSE

1824-1887

DU MÊME AUTEUR :

POÉSIE

HYMNES PROFANES
LE DÉPART A L'AVENTURE
LE MIRAGE PERPÉTUEL
POÈMES CHOISIS, Arthème Fayard, édit., 1922.

ÉTUDES LITTÉRAIRES

ITINÉRAIRE FANTAISISTE (P. Verlaine, G. Rodenbach, A. Silvestre,
H. Becque, J. Lemaitre, O. Mirbeau, M. Boniface, P. Valdagne).
LES VOLUPTUEUX ET LES HOMMES D'ACTION (Anatole France, Pierre
Louys, Jean Lorrain, M. Barrès, F. Brunetière, Edmond Picard),
P. Ollendorff, édit.
CHARLES MAURRAS ET LES IDÉES ROYALISTES, Arthème Fayard,
édit., 1921.
ANGO DE DIEPPE (1480-1551), Peyronnet, édit., 1925.

ROMAN

L'ENVIE
L'AVARICE
L'ORGUEIL

VOYAGE

LA SICILE ET SES ŒUVRES D'ART, Plon, édit.
LA MISSION DE LA LITTÉRATURE FRANÇAISE (Conférences de propa-
gande en Orient et en Russie), Albin Michel, édit.

CRITIQUE D'ART

JEAN GOSSART dit Mabuse (1478-1533), dans la grande collection
très illustrée de Van Oest et Cⁱᵉ à Bruxelles.
SODOMA ET LA FIN DE L'ÉCOLE DE SIENNE AU XVIᵉ SIÈCLE, avec
vingt et une illustrations, avril 1910 (Floury, édit.).
MARY CASSATT. Un peintre des enfants et des mères. Avec trente-
huit reproductions (Ollendorff, édit.).
PEINTRES D'AUJOURD'HUI (Ollendorff, édit.).
LES DÉCORATEURS (première série, avec vingt-quatre reproduc-
tions) : Albert Besnard, Gaston La Touche, Jules Chéret, Paul
Baudouin.
LES DÉCORATEURS (deuxième série, avec vingt-quatre reproduc-
tions) : Henri Martin, Aman-Jean, Maurice Denis, Édouard
Vuillard.

THÉATRE

« MA SŒUR HENRIETTE », pièce en un acte et en prose. Hors
commerce. Chez l'auteur, 1927.

ACHILLE SEGARD

ALBERT CARRIER-BELLEUSE

1824-1887

PARIS

LIBRAIRIE ANCIENNE HONORÉ CHAMPION

5, QUAI MALAQUAIS

1928

PORTRAIT DE A. CARRIER-BELLEUSE
(d'après le buste fait par Rodin)

ALBERT CARRIER=BELLEUSE

Quand un artiste a vécu assez longtemps pour devenir célèbre et jouir personnellement de grands succès artistiques doublés parfois de grands succès de vente et de reproduction, il est rare que sa mort ne soit pas suivie d'une période d'indifférence relative, sinon d'oubli. La mode change. Les jeunes s'élancent en d'autres directions. D'autres succès et d'autres gloires s'établissent. L'attention publique se détourne. Cependant, quand cet artiste a été un génie original, ou quand il a produit quelques œuvres d'exécution parfaite demeurées accessibles au public, il se trouve toujours un critique d'art — et c'est l'honneur de notre profession — pour attirer de nouveau l'attention des connaisseurs et du public sur l'œuvre momentanément méconnue. Une réaction se manifeste. Un travail de classement se fait en même temps dans les esprits et dans les manuels d'histoire de l'art. L'œuvre et l'homme reprennent leur place, à leur rang, dans la grande histoire de l'art français, et un anneau de plus se trouve ajouté à la grande chaîne traditionnelle qui relie les uns aux autres tous les artistes d'une même race et d'un même pays.

LA PERSONNALITÉ

Ainsi en a-t-il été pour Albert Carrier-Belleuse, et je souhaite de grand cœur que la célébration du centenaire de sa naissance ait été l'occasion d'une plus juste appréciation de son rôle et de son œuvre. Trop adulé peut-être sinon trop admiré au temps de son apogée, il a été ensuite trop vite relativement oublié. Ses succès même lui ont nui. Combien de personnes, aujourd'hui encore, ne connaissent de lui que les terres cuites commerciales reproduites à l'infini et tellement affadies par la mauvaise qualité des moules et par leur usure, qu'elles ne donnent plus, même de loin, la sensation de l'œuvre telle qu'elle avait été conçue par l'artiste, et encore moins une idée de la main prestigieuse qui avait exécuté le modèle ! Même si les œuvres originales — dont il reste encore un nombre immense répandu dans les deux continents — ne devaient pas revenir à la mode, ce qui n'est pas du tout certain, il est impossible que son nom soit jamais oublié, du moins pour les érudits, parce que toute histoire impartiale de l'art français lui assignera

une place éminente parmi les plus grands artistes
du second Empire.

Un seul nom de son époque paraîtra plus grand
que le sien : celui de Carpeaux. Encore devons-
nous remarquer qu'Albert Carrier-Belleuse est
entré dans la vie artistique plusieurs années avant
celui qui allait devenir son émule et qu'il n'a eu
besoin de personne pour découvrir sa propre originalité. Celle-ci, ayant été vive et spontanée, a exercé
sur son époque une profonde et heureuse influence.
Il est utile de remarquer que, lorsque de jeunes
sculpteurs exceptionnellement doués eurent à faire
un choix entre les divers ateliers qui s'ouvraient
devant eux, c'est auprès d'Albert Carrier-Belleuse
que demandèrent à être admis des artistes comme
Delaplanche, Falguière et même le plus original et
le plus puissant de tous : Rodin. L'indication est
importante. Je n'ai pas le temps de rechercher quel
était l'état d'esprit de ces jeunes hommes exceptionnels, dans quel milieu, dans quelle atmosphère ils
vivaient, ni si la bonté personnelle d'Albert Carrier-Belleuse, son aménité, sa séduction même et
l'aptitude incomparable qu'il avait pour l'enseigne-
ment — ce sur quoi tous les contemporains sont
d'accord — n'ont pas joué un rôle dans leur déter-
mination ; mais je suis sûr que ces jeunes gens qui
possédaient à un si haut degré le sens et la

conscience de la personnalité, avaient senti quelles étaient la valeur et l'importance de l'œuvre de ce grand artiste.

LES BUSTES

L'un des éléments principaux de cette originalité a été la réaction naturelle et comme instinctive d'Albert Carrier-Belleuse contre le goût Louis-Philippe qui était à son apogée vers 1840 dans tous les domaines de l'art, mais plus particulièrement dans les arts décoratifs. Sa réaction fut aussi vive et aussi spontanée, dans le domaine de la sculpture proprement dite, contre la sculpture anémiée par les prétentions au « style » qui, subissant encore l'influence de David, n'était plus que froide et compassée. Les bustes d'Albert Carrier-Belleuse ont précédé ceux de Carpeaux. Il est juste de faire remarquer que Carrier-Belleuse a été de ceux qui ont vivifié à nouveau les yeux privés de leur prunelle par l'Ecole de David et de David d'Angers.

Ses bustes ont été innombrables. Il n'est pour ainsi dire pas de notabilité politique, artistique, littéraire, théâtrale et même commerciale, il n'est pour ainsi dire pas de jolie femme dans la haute société comme dans le monde des théâtres qui n'ait ambitionné de posséder son portrait sculpté par

CROIZETTE

lui. La liste en est impossible à fixer. Peut-être y en a-t-il deux cents. Ne citons à titre d'exemple que : l'Empereur Napoléon III, Jules Grévy, Jules Simon, Thiers, Daumier, Arago, George Sand, Renan, Emile Augier, Théophile Gautier, Edmond About, Delacroix, Corot, Gustave Doré, Decamps, Leys, Chifflart, A. Cain, Marguerite Bellangé, La Ristori, Marie Laurent, Mme Viardot, Mlle Croizette, Comtesse de Castiglione, Hortense Schneider, etc.

En 1887, année de sa mort, Albert Carrier-Belleuse avait envoyé au Salon le buste du Général Boulanger, alors au commencement de sa grande popularité, et c'est par des portraits en forme de médaillon qu'il avait débuté au Salon de 1851, entre autres ceux du graveur Péquégnot et du sculpteur animalier Auguste Cain.

De tous ces bustes, l'un des plus beaux est celui de Napoléon III. Il fut fait à Vichy en 1868 et donné par l'Empereur au Général Lepic. Il en est beaucoup d'autres qui demeurent sous nos yeux : par exemple celui de Daumier qui est au Musée de Versailles. D'autres caractérisent la manière vivante, et la virtuosité d'exécution d'Albert Carrier-Belleuse : au Palais de l'Institut celui de Victor Cousin, au Théâtre de l'Odéon celui de Théophile Gautier.

C'est par les bustes d'homme que l'on apprécie le mieux à quel point Albert Carrier-Belleuse savait saisir et exprimer l'individualité du modèle, l'accent personnel du caractère. Par les bustes de femme on peut apprécier à quel point il était séduit par la grâce du visage : la forme, les lignes, le velouté de la peau, les yeux qui attirent, les narines qui frémissent, le sourire qui caresse, les lèvres qui vont parler.

Peut-être cependant est-ce dans quelques-uns des bustes dits « de fantaisie » que l'on reconnaît le mieux toutes les qualités du grand artiste. Pour ceux-ci, généralement ornés de fleurs ou d'attributs. et destinés à être reproduits soit en terre cuite, soit en marbre, soit en bronze, soit en matière de céramiste, Albert Carrier-Belleuse n'avait pas à se préoccuper de la ressemblance. Sa liberté était donc plus grande. Il les exécutait en se souvenant de ses plus beaux ou de ses plus jolis modèles, et en utilisant des maquettes faites sur nature. Il transfigurait par l'élan de l'imagination les visions conservées par sa mémoire plastique, et il composait à nouveau sur une autre idée les éléments que l'étude et l'observation lui avaient fournis. Ainsi furent conçues : « Diane » « Léda », « l'Automne », « le Printemps », « la Frileuse ». « Bacchante », « la Douleur » ou « l'Innocence ».

Je revois encore, dans la maison de mon père, un de ces bustes décoratifs : c'était une jeune femme souriante, avec des fleurs dans les cheveux. Un jour elle est tombée et s'est brisée. Mais ma mémoire la revoit. Elle était charmante. Malgré la grossièreté relative du procédé de reproduction, je sentais bien, tout enfant que je fusse, que c'était une remarquable œuvre d'art.

LES MONUMENTS

Nous ne méconnaissons certes pas quelles ont été, dans les arts décoratifs et dans les arts du dessin, la personnalité, l'influence et l'incomparable fécondité d'Albert Carrier-Belleuse, mais nous estimons qu'il a été avant tout un « sculpteur » dans toute la force et dans toute l'étendue de ce mot.

Il exposa pour la première fois au Salon de 1851. Entre 1857, année de son deuxième Salon, et 1887, année de sa mort, trente Salons se sont succédés. Chaque année il envoyait une œuvre importante, et souvent la maquette d'une grande œuvre. Qui se rappelle qu'il est l'auteur d'un grand nombre de monuments dont beaucoup comportaient de nombreuses figures, et qui se trouvent aujourd'hui encore à leur place soit en France, soit à l'étranger ?

J'ai sous les yeux, en écrivant ces lignes, la maquette d'un de ces monuments. D'après ce que m'a dit l'un de ses fils, la partie architecturale est de Carrier-Belleuse, comme tout ce qui est bas-relief, ronde bosse ou ornements décoratifs. Dans cette maquette, il avait tout imaginé et tout réalisé de ses propres mains. J'avais cru un moment que c'était le projet du grand monument commandé à l'artiste par Jules Simon, et qui devait être offert par la France à la Suisse en reconnaissance de l'aide fraternelle donnée par les Suisses à nos soldats pendant la guerre de 1870, mais je sais maintenant que cette grande composition ne fut jamais exécutée et que la maquette en a été détruite ou perdue.

Beaucoup d'autres monuments sont presque aussi importants. Ils ont pu être exécutés parce qu'ils ne comportaient ni une architecture aussi coûteuse, ni un aussi grand nombre de figures. Tels sont par exemple, à Buenos-Ayres le tombeau du Général Saint-Martin, orné des figures de la République Argentine, du Commerce, de l'Industrie et des Mines ; à Caracas au Venezuela la statue du libérateur de cette République ; à Bucarest, sur l'une des places publiques, celle de Michel le Brave, offerte par M. Godillot à la suite de grandes commandes dont il avait bénéficié en Roumanie.

Telles sont aussi les maquettes, probablement

à demi oubliées dans quelque musée, des monuments consacrés à Camille Desmoulins et à Desaix que l'artiste a représenté plus grand que nature, mourant, soutenu par un grenadier. Tels sont encore, plus proches de nous, et par conséquent plus faciles à atteindre et à juger, le monument d'Alexandre Dumas à Villers-Cotterets, de Jean-Jacques Rousseau à Montmorency, et celui de Masséna sur la place Masséna, à Nice.

Parmi tant de Français ou d'étrangers qui sont passés auprès de ce monument, combien se sont donné la peine de chercher la signature ? Combien savent qu'il est de Carrier-Belleuse ? Tel est le sort des sculpteurs. La figure de Masséna est splendide d'énergie et d'autorité. Son bras droit fait avec simplicité mais avec force le geste du commandement. La tête est d'un caractère remarquable, la draperie du manteau est vaste et magnifique. Et le demi-oubli dont ce monument a été l'objet est d'autant plus injuste que la figure de la Muse assise aux pieds du héros, gravant son nom sur l'airain, inspira nombre d'imitateurs.

Tous ceux qui se trouveront à Nice devant cette statue, ou même ceux qui la jugeront d'après une bonne photographie, pourront constater qu'elle mérite d'être classée dans la tradition de l'héroïque Maréchal Ney, de Rude, beaucoup plus que

MONUMENT DE MASSÉNA A NICE

dans la tradition pseudo-classique des sculpteurs académiques qui florissait encore à l'époque où elle fut exposée au Salon. Elle est simple, sobre, puissante et tranquille. Elle échappe au reproche qu'il ne sera pas toujours possible d'éviter en parlant de l'œuvre d'Albert Carrier-Belleuse : l'excès du pittoresque, le goût excessif du détail, une tendance au trop joli, plutôt qu'à la grandeur et à la force. Et quelle superbe exécution ! Quelle ardeur fiévreuse dans le modelé de la maquette, quel soin et quelle virtuosité dans l'exécution finale !

Je ne puis parler longuement du monument d'Alexandre Dumas, érigé à Villers-Cotterets, en juin 1885, ni du Camille Desmoulins, exposé au Salon de 1879, ni du Desaix, exposé au Salon de 1858, en même temps qu'une « Vestale voilée ». Il ne m'a pas été donné de retrouver même les photographies de plusieurs de ces grands monuments.

LES STATUES

Les œuvres qui défendront la mémoire d'Albert Carrier-Belleuse, sont celles qui sont restées en France et à Paris. Citons en premier lieu « Le Messie », médaille d'Honneur de 1867, qui se trouve au chevet de la chapelle de la Vierge, dans l'église Saint-Vincent-de-Paul, et dont la maquette

MESSIE

a été récemment exposée au Musée céramique de Sèvres.

Louons-en d'abord la conception, c'est-à-dire l'idée première jaillie du cœur et de l'imagination de l'artiste : la Vierge est assise, portant à bras tendus jusqu'au-dessus de sa tête le petit Messie innocent de toutes les fautes des hommes, et qu'elle présente à tous les siècles et à l'humanité entière, comme le Rédempteur du monde. Tandis qu'elle l'offre ainsi comme une oblation et un holocauste, elle baisse légèrement la tête, sachant d'avance ou pressentant quelles douleurs et quels sacrifices pour son fils et pour elle-même, engendrent ce rachat et cette rédemption.

L'idée est magnifique, grandiose, simple et touchante. L'exécution est digne de l'idée.

A droite et à gauche du sujet principal se trouvent deux très belles statues : Sainte Anne et Saint Joseph.

La seconde œuvre, demeurée à Paris et qui fera vivre victorieusement la mémoire du grand artiste, est « l'Hébé endormie », que l'on peut voir dans la salle de sculpture moderne du Musée du Louvre. Assise à demi endormie sur un siège de marbre, elle tient dans sa main droite une amphore, tandis que derrière elle, un aigle aux ailes étendues tourne vers notre droite, d'un air menaçant, son

HÉBÉ ENDORMIE
(Musée du Louvre)

terrible bec et ses yeux perçants, comme s'il voulait protéger et défendre cette innocence assoupie. Quand l'œuvre fut exposée au Salon de 1869, quelques-uns crurent y voir le symbole de la France endormie et confiante, protégée par l'Empereur. Et il n'est pas impossible que peu à peu, et avec le recul du temps, « l'Hébé » se situe dans les mémoires et dans les manuels avec cette signification symbolique que rend plus tragique, hélas ! la date de ce salon : 1869, année de tranquillité heureuse et de confiance totale qui précède, comme il arrive si souvent, le douloureux réveil et la grande catastrophe.

Jugée du seul point de vue plastique, cette « Hébé » est une magnifique œuvre d'art. Beauté harmonieuse de la composition, balancement heureux des masses et des volumes, élégance des lignes, arabesque décorative, souplesse gracieuse de la draperie, beauté du visage, délicatesse expressive des mains, jeu savant des ombres et des lumières, finesse extrême dans l'exécution, fini merveilleux jusque dans le détail, sans que cependant l'excès de ces détails puisse préjudicier à l'ensemble, voilà les qualités de cette grande et belle œuvre. Dans la salle du Musée du Louvre où elle se trouve aujourd'hui, elle supporte la comparaison, sinon avec les œuvres les plus puissantes et les plus for-

tes, du moins avec les plus belles ou les plus par-
faites.

Non loin du Louvre, dans le jardin des Tuileries, nous retrouvons la « Bacchante », de 1863.
C'est une belle figure nue, adossée à une gaîne que
surmonte un buste de Pan ou de Bacchus couronné
de pampres. Debout, et tendant vers le jeune dieu
le vivant collier de ses bras, relevés par le plus
gracieux mouvement, elle redresse la tête et cam-
bre son corps juvénile, semblant lui faire offrande
de toute sa beauté.

Quand j'avais vingt ans, j'avais remarqué, parmi
les marbres des Tuileries, ce joli symbole et cette
belle exécution ; et, dans mon premier volume de
vers :   « Hymnes profanes », publié à « La
Plume » en 1894, se trouve une pièce de vers inspirée par cette œuvre. L'attention que je témoigne
aujourd'hui publiquement à Carrier-Belleuse n'est
donc pas un sentiment nouveau. C'est l'expression
d'une admiration très ancienne. Dès le début de
ma carrière de critique d'art, j'ai classé dans ma
pensée cet artiste, non pas au premier rang des
grands génies originaux qui commandent l'histoire
de la sculpture française, mais non loin des plus
grands et parmi les meilleurs (1).

(1) De Charles GARNIER, « Le nouvel Opéra » : « Carrier-Belleuse
est, je ne veux pas dire le premier, mais un des premiers statuaires-
décorateurs de notre époque. »

« L'Ondine », du Salon de 1861, est représentée avec un joli geste des bras et des mains qui écartent les roseaux. « L'Angélique » en marbre, avec des chaînes d'or, date de 1868. Elle est un peu trop maniérée, mais sans doute, après le « Messie » de 1867, œuvre grave et d'inspiration religieuse, l'artiste s'est-il diverti à montrer, par contraste, la grâce d'une figure féminine, nue, faisant ainsi la preuve de sa virtuosité qui était en effet prodigieuse. La ravissante « Psyché » assise, tenant sa lampe à la main et qui obtint un si grand succès au Salon de 1872, se trouve aujourd'hui au Musée de Marseille.

LA SCULPTURE DÉCORATIVE

Regardons maintenant les charmantes fontaines érigées par Davioud sur la place du Théâtre-Français. Elles sont toutes deux surmontées d'une figure presque nue et debout. L'une est de Mathurin Moreau qui fut aussi un grand artiste. L'autre, ayant pour attribut une rame, est d'Albert Carrier-Belleuse.

Presque tout le monde a oublié le nom de Davioud, auteur de ces charmantes fontaines, si bien en proportion avec les dimensions et le décor de la place du Théâtre-Français. Cela est injuste. La figure de Carrier-Belleuse qui surmonte l'ensemble de l'une d'elles est vraiment d'une élégance, d'une grâce et d'un sentiment décoratif délicieux. C'est l'une des perles d'un collier précieux dont se pare notre belle ville. Elle n'écrase rien et décore tout. Elle accentue le cachet artistique d'un site très élégant, qu'honore et ennoblit le très beau théâtre construit par l'architecte Louis.

Puisqu'il est indispensable de définir son vocabulaire pour mettre de l'ordre dans la pensée, précisons que nous désignons par les mots « art pur » les œuvres d'art qui ont été faites sans destination spéciale et qui se suffisent à elles-mêmes. Nous appelons « art décoratif », celles qui ont été faites en vue d'un espace architectural ou d'une destination particulière dont elles ne peuvent être séparées sans perdre une partie de leur beauté. Nous appelons enfin « art industriel », la création de modèles dont la destination est d'être reproduits en grand nombre par des procédés mécaniques.

Il va de soi que ce vocabulaire n'implique aucune idée majorative ou péjorative. Falconet ou Clodion ont fait des merveilles en créant des modèles de pendules et il y a beaucoup d'œuvres, dites d'art pur, qui ne sont que des navets.

Sous le bénéfice de ces définitions je remarque

que je n'ai encore étudié, en ce qui concerne Albert Carrier-Belleuse, que celles de ses œuvres qui se classent dans la catégorie dite d'art pur. La belle figure demi-nue de la fontaine du Théâtre Français peut me servir de transition, puisqu'elle est presque d'art pur, en ce sens qu'elle paraîtrait encore très belle si on la retrouvait dans un musée. Elle est cependant d'art décoratif, en ce sens qu'elle a été faite pour cette fontaine, pour cet emplacement, pour contribuer à ce décor et à cet ensemble et que, toute charmante qu'elle soit, elle perdrait cependant de sa beauté, si on l'arrachait de sa place pour la mettre sous vitrine.

Ces observations sont d'une vérité encore plus évidente si je vous parle maintenant du très grand et très beau bas-relief, exécuté pour le fronton de la Banque de France, juste en face de la rue Coquillière, et qui représente la Sagesse et la Fortune. Ce bas-relief se compose essentiellement de deux figures féminines adossées, assises sur la base, et tournées chacune vers la pointe d'un fronton triangulaire que rehaussent et animent des enfants et des attributs. L'arabesque en est très jolie et l'exécution admirable. La composition est absolument en proportion avec l'espace donné au sculpteur, l'ensemble adapté au style du monument et au but décoratif. C'est une œuvre parfaite

BAS-RELIEF DU DESSUS DE LA PETITE PORTE DE GAUCHE
DE L'ENTRÉE DE LA BANQUE DE FRANCE

qui supporte la comparaison avec les plus beaux frontons de Paris, peut-être même avec celui de l'église de la Madeleine.

Je ne puis rien dire, ne les ayant pas vues, de la décoration du Casino de Vichy, de la frise d'enfants à la Bourse de Bruxelles, et de tant d'autres œuvres dont personne, sans doute, ne pourra jamais faire le dénombrement.

A Paris encore d'autres sculptures décoratives défendront la mémoire d'Albert Carrier-Belleuse, quand la critique aura enfin obtenu que le public attache autant d'importance à cette catégorie d'œuvres d'art qu'aux monuments isolés. Ceux-ci sont manqués, bien plus souvent qu'ils ne sont réussis, parce que c'est un avantage, pour un grand artiste, que d'avoir à lutter contre les difficultés qu'impose un emplacement déterminé. De même que le poète se surpasse en luttant contre les difficultés de la métrique, de même le sculpteur retrouve des forces en s'appuyant à nouveau sur l'architecture, mère des arts. De nos jours, la plupart des monuments autour desquels on peut tourner sont très médiocres. Les statuaires ont besoin de la discipline qu'impose un espace et un emplacement déterminés. Nous aimons, entre toutes les œuvres de Carrier-Belleuse, celles qui n'ont jamais été séparées de l'ensemble architectural pour lequel elles ont été conçues. Telles sont par exemple les très belles figures du grand escalier de l'Hôtel de Ville, les Cariatides soutenant

3.

l'entablement du Théâtre de la Renaissance, le plafond et les écoinçons du pavillon de La Trémoille
et du pavillon Lesdiguières au Louvre, dont je par-
lerai dans un instant, les figures du Tribunal de
Commerce, enfin et surtout les deux grandes torchères qui se trouvent à droite et à gauche dans
le bas du grand escalier de l'Opéra. Imposantes et
harmonieuses, elles donnent une impression de
force, de grâce et de stabilité. Soutenant chacune
trente ou quarante lampes électriques, elles semblent tranquillement et magnifiquement collaborer à l'ensemble architectural de Charles Garnier.
Elles se tiennent, de l'un et de l'autre côté de ce
splendide escalier à double révolution, comme des
Télamons féminins, comme des bases qui assurent
et retiennent la masse successive des degrés au
delà desquels l'œil et l'imagination gravissent les
rampes et parviennent jusqu'au magnifique plafond de Baudry. Peu plaisantes de couleur malheureusement, ces torchères seraient plus remarquées
si elles étaient d'une matière, ou d'une patine
aussi riche qu'elles sont harmonieuses de forme
et belles d'exécution (1).

(1) De Charles GARNIER, « Le nouvel Opéra » : « Les deux groupes
de l'escalier de l'Opéra montrent à quel point s'élève la souplesse
de son talent..... »
« Si ces groupes avaient été simplement de bonnes choses, cela
n'eût pas suffi pour satisfaire les yeux car la place choisie était de
premier ordre ; il fallait qu'ils fussent des œuvres supérieures et
c'est ce qui est advenu. »

LES PLAFONDS

Entre autres commandes dont Albert Carrier-Belleuse fut chargé, comptent deux plafonds en stuc pour les deux pavillons Lesdiguières et La

LOUVRE, plafond (avant-projet)

Trémoille qui font partie du Louvre de Napoléon III. Ces pavillons sont placés juste devant le pont des Saints-Pères. Ils regardent la Seine et font partie de la construction que décore, à l'extérieur, le *Pégase* d'Antonin Mercié.

Les deux plafonds composés par Carrier-Belleuse sont à peu près semblables. Cependant, malgré la notice officielle attachée au mur, ils ne sont pas identiques. Ils ont le même sujet d'ensemble : la Terre et l'Eau. Les masses se composent de la même façon et la plupart des détails se retrouvent de l'un à l'autre, quelquefois pourtant employés d'une façon différente. On remarquera par exemple que dans l'un, le char de Bacchus est tiré par des tigres, et dans l'autre par des bambins nus, attelés les uns aux autres par des guirlandes de feuilles de vigne. On remarquera aussi que dans l'un des sujets secondaires le buste de Pan placé sur une gaine est, dans l'autre, remplacé par un vase fleuri. Il y a quantité d'autres détails qui se trouvent ainsi changés ou intervertis. Cependant les rapports des masses demeurent les mêmes.

Il nous suffira par conséquent d'en décrire un pour que l'autre vous soit connu. Ce sont des plafonds ovales. Sur l'une des deux courbes principales le sujet principal représente le char de Bacchus traîné par des tigres et précédé par des bambins qu'entourent des bacchantes portant des thyrses et des cymbales.

Faisant face à ce premier sujet et occupant la

place symétrique sur l'autre grande courbe, se voit une barque où rame un vieillard assis qui ressemble à la figure traditionnelle du Temps. Des Muses nues ou légèrement drapées sont groupées dans cette barque et représentent, si j'en crois leurs attributs : La Poésie, la Musique, la Danse et peut-être la Peinture. Un amour nu, placé à l'arrière, envoie du bout des doigts un baiser d'adieu aux personnages qui composent le troisième sujet placé sur la petite courbe : c'est un dieu Pan nu, avec des pampres dans les cheveux, une coupe dans la main droite, une syrinx pressée sur sa poitrine dans la main gauche et qu'entourent, auprès d'une source, des bambins également nus qui se jouent.

Placé symétriquement en face de ce troisième sujet, mais relié aux deux autres par une arabesque décorative qui ne laisse apercevoir entre eux aucune solution de continuité, un buste de Pan est placé sur une gaîne entourée de faunes et de nymphes dansant avec des tambourins.

Ce sont donc des décorations à très nombreux personnages, avec quantité de figures féminines et d'enfants nus ou légèrement drapés. Ces décorations sont exécutées en stuc, c'est-à-dire en plâtre dur, patiné avec des rehauts de jaune d'ocre. L'ensemble se détache sur un fond d'or imitant la mosaïque d'or.

Au premier regard, l'ensemble paraît un peu confus. En observant plus attentivement on voit au contraire que la composition est logique et parfaitement défendable. Ce sont d'une part les plaisirs terrestres et d'autre part les plaisirs immatériels. Les uns sont représentés sur la terre, symbolisés par le char de Bacchus, et les autres sur une barque que conduit le Temps. L'amour nu qui se tient à l'arrière et envoie, du bout des doigts, aux plaisirs matériels un baiser d'adieu ennoblit l'idée générale. Il précise la pensée de l'artiste : la fugitivité des jouissances terrestres.

L'arabesque décorative est très jolie, le balancement des masses prodigieusement habile, et le tout est d'une harmonie parfaite. Enfin, si l'on s'attache aux détails, on trouve quantité de morceaux d'un modelé et d'une exécution exquis. Tels sont par exemple le visage du vieillard qu'on peut appeler le Temps et qui fait penser à Caffieri. Certaines figures nues de bacchantes sont délicieuses. Les bras, les jambes, les fesses à fossettes et les mains potelées de quelques amours joufflus sont vraiment d'une grâce parfaite.

Au-dessous de chacun de ces plafonds, quatre écoinçons nous montrent quatre grandes figures ailées, nues ou légèrement drapées, portant des palmes et des couronnes. Dans chaque écoinçon

un très joli Amour se joue. L'une de ces figures
est d'une grâce exceptionnelle.

LOUVRE (écoinçon)

De même que pour les torchères de l'Opéra,
c'est la couleur qui est peu plaisante dans ces
deux plafonds du Louvre. Si, au lieu de ce plâtre
déteint et de ces rehauts de jaune d'ocre, on
pouvait donner à ces plafonds la magnifique

dorure de ceux de l'Hôtel de Soubise ou des appartements de Versailles, l'œuvre de l'artiste en paraîtrait aux yeux de tous transfigurée.

Jadis, dans un livre que j'ai écrit sur « La Sicile et ses œuvres d'art », j'ai longuement parlé d'un artiste du xviie siècle appelé Serpotta, presque inconnu même de ses compatriotes, et qui a laissé notamment à Palerme de vastes décorations en stuc surpeuplées de bambins et d'amours délicieux. Sans avoir atteint à la prodigieuse fantaisie dont j'ai donné dans ce livre des exemples, Albert Carrier-Belleuse est digne, pour quelques-uns de ses bambins nus, d'être comparé au grand Serpotta !

Sur chacun des plafonds dont je viens de parler, j'ai vainement cherché la signature de Carrier-Belleuse. Comme ce grand artiste était peu soucieux de sa gloire ! Et comment pourrait-on faire reproche aux visiteurs du Louvre d'ignorer que ces deux plafonds anonymes lui sont dûs ?

LES HAUTS-RELIEFS

J'avais appris par l'excellente préface écrite par Paul Mantz, en tête du catalogue pour la vente après décès de l'artiste, du 19 au 23 décembre 1887, qu'Albert Carrier-Belleuse avait aussi exécuté pour le Louvre de Napoléon III, une

« Abondance » destinée au Pavillon de Flore,
devant la Seine, non loin du très célèbre groupe
de Carpeaux. Ce haut relief est le premier, à par-
tir du pavillon de Flore, de ceux qui se succèdent
au-dessus des fenêtres, le long de la Seine. Il présente une figure féminine nue, assise sur un char
très bas dont on ne voit qu'une roue. Le bras droit
de cette figure s'étend par-dessus le dossier du
char et retombe presque jusqu'à terre. Elle tient
dans la main gauche des attributs où se distin-
guent un thyrse et des grappes de gros raisins.
Devant elle, occupant l'angle à notre droite de
l'écoinçon, un lion est étendu, les pattes repliées
sous lui, mais la tête haute et retournée vers le
beau visage de la jeune femme. Celle-ci est de
profil, inspirée de l'antique. Presque impassible
elle semble cependant respirer ces raisins. Le sein
se profile, très pur, avec de belles ombres. La
jambe droite, longue et nerveuse, pose le pied sur
le linteau. On ne voit que le genou, un peu sur-
élevé, de la jambe gauche.

Derrière le dos de cette figure principale, occupant l'angle gauche de l'écoinçon, se jouent deux
charmants amours, joufflus à souhait, avec le
front bombé et des cheveux en boucle, à la manière
du haut relief de Pigalle, au fronton droit du
ministère de la Marine, place de la Concorde. Dans
le fond de la composition sont des épis.

Sans doute Carrier-Belleuse fut-il content, en modelant ce lion, de montrer à son ami Cain qu'il pouvait être aussi un animalier. Très juste d'accent, le mufle regarde avec admiration la beauté harmonieuse de cette jeune femme aux formes élégantes. Celle-ci demeure la figure principale. Tout le reste lui fait cortège. Elle représente la Beauté féconde inspirant le respect à la Force. L'ensemble est parfaitement conçu. On sent que le statuaire avait le sens décoratif. Tout l'espace est décoré. Aucun vide. Aucune surcharge. C'est une œuvre peut-être un peu froide, surtout si on la compare au mouvement endiablé de la Flore de Carpeaux, mais irréprochable et très élégante.

Il est probable d'ailleurs qu'il existe encore dans la décoration du Louvre, et dans maints autres édifices de Paris, ici une frise d'enfants, là un groupe de figures nues, plus loin un haut-relief ou quelque sculpture due au ciseau d'Albert Carrier-Belleuse. Il signait peu, il produisait infatigablement, avec une verve, une fantaisie et une puissance d'invention vraiment incomparables.

Cette abondance d'idées et cette facilité d'exécution semblent même tenir du prodige. Essayons de nous faire une idée de ce qu'a été la fécondité de Carrier-Belleuse dans le domaine industriel.

LA CRÉATION DE MODÈLES

Puisque nous avons admis qu'on appelle art industriel l'art qui consiste à créer des modèles destinés à être reproduits en grand nombre par des moyens mécaniques, représentons-nous quelle immense nomenclature comporterait le catalogue complet de ses œuvres dans ce domaine particulier.

De 1851 à 1855, Albert Carrier-Belleuse avait accepté de résider en Angleterre, à Stoke, pour y diriger l'école de modelage et de dessin des établissements céramiques de faïences émaillées, biscuits, majoliques, etc... de Minton. Il travailla aussi pour les successeurs de la fameuse fabrique de Wedgwood. Et comme nous savons qu'il était à ce moment dans toute l'exubérance et dans toute la fièvre artistique de sa vingt-cinquième année, nous devinons si, créateur infatigable et artisan incomparable, il dut créer et faire créer sous ses yeux par centaines les nouveaux modèles. Beaucoup de ses dessins datent de ce séjour en Angleterre. Il ne revint en France qu'à la veille de l'exposition de 1855 où beaucoup de ses céramiques furent exposées. Il fut nommé Directeur des Travaux d'art, à Sèvres, le 27 décembre 1875 et il y mourut le 3 juin 1887, ayant par conséquent occupé pendant 12 ans ces importantes fonctions. Paul Mantz affirmait, dans sa préface de 1887, qu'il laissait dans les réserves de la Manufacture cinq cents modèles nouveaux, exécutés par ses soins ou de ses propres mains, et destinés à être reproduits par tous les procédés dont dispose cet admirable établissement : cinq cents modèles nouveaux !...

La méthode dans le travail le gardait de tout excès qui eût été préjudiciable à sa santé, mais il avait une sorte de fièvre de production. Songez qu'il accepta un jour d'exécuter lui-même des modèles pour les têtes de poupées en porcelaine qu'on fabriquait, comme encore aujourd'hui, à Limoges. J'imagine qu'il y en eût d'exquises.

LES DIFFICULTÉS DU DÉBUT

Il ne cessait pour ainsi dire jamais de travailler, et il avait commencé dès l'adolescence. Nous savons par ses biographes que, né à Anizy-le-Château, dans l'Aisne, le 12 juin 1824, il suivit très tôt ses parents à St-Germain-en-Laye où il fit d'excellentes études primaires. A douze ans, déjà orphelin de son père, il vit sa mère, sans fortune, en butte à des difficultés graves. Décidé à lui venir en aide immédiatement, il refusa que son cousin Arago demandât pour lui une bourse dans une école

VASE DE MINTON

technique. Il voulait gagner sa vie tout de suite et rapporter au foyer de quoi contribuer aux dépenses.

A treize ans, il entra comme apprenti chez le ciseleur Bauchery. Il fut admis peu après chez le vieil orfèvre Fauconnier qui mourut en 1839. Il y connut les frères Fannière qui plus tard, peut-être à la suite de conversations avec Albert Carrier-Belleuse, devaient renouveler le style de l'orfèvrerie en s'inspirant des plus beaux modèles de la Renaissance. L'enfant fut ensuite présenté à David d'Angers qui ne fut pas son maître à proprement parler, mais qui lui donna, l'ayant vu à l'œuvre, les certificats nécessaires pour l'entrée à l'Ecole des Beaux-Arts où il fut admis le 1ᵉʳ avril 1840 avant d'avoir atteint sa seizième année.

Malgré qu'il y eut obtenu tout de suite des succès à cause de l'exceptionnelle habileté de main qu'il tenait de la nature, il quitta l'Ecole très tôt pour se consacrer plus particulièrement à l'étude de l'ornement où excellaient en ce temps Jean Feuchères et Jules Klagman. Dès ce moment, il se sentait attiré vers l'art décoratif et l'art industriel. Sans doute la préoccupation de pouvoir immédiatement aider sa mère et les siens était-elle prépondérante, mais la nature aussi l'y poussait et son tempérament d'artiste était de ceux qui réalisent tout de suite.

LAMPADAIRE

LES OUVRAGES DE DÉBUT

On raconte que son premier ouvrage très remarqué fut un pommeau de cravache que décoraient deux figurines très souples. On raconte aussi que, pendant qu'il travaillait chez Fannière, celui-ci commanda un jour à David d'Angers, devant le jeune apprenti, une figure pour un surtout de table. Albert Carrier-Belleuse écouta de toute son âme les indications de l'orfèvre et les conditions du travail, puis courut dans sa chambre et se mit à inventer, à modeler une figurine répondant aux conditions imposées. Quand David d'Angers apporta son modèle, l'apprenti glissa sans rien dire le sien à côté de celui du maître et Fannière, devant ces deux maquettes, hésita pendant quelque temps. La légende ajoute même qu'il se décida pour celle de Carrier-Belleuse et que c'est alors seulement que celui-ci avoua en être l'auteur.

Le succès ressemble à un engrenage. Tout de suite le jeune homme fut sollicité. Les orfèvres lui demandèrent des modèles destinés à être reproduits en matière précieuse. Les maisons de bronze, plus particulièrement Barbedienne et Denière, lui commandèrent des modèles de girandoles, candélabres, pendules, jardinières, lampadaires ou garnitures de cheminées. Presque en même temps, les manufactures de faïence et de porcelaine, en France et en Angleterre, sollicitaient ses modèles et sa présence. Œuvre anonyme presque toujours, absorbante entre toutes, et dont on se demande comment elle n'a réussi à le détourner ni de l'art décoratif proprement dit, ni du grand art pour lequel il était encore mieux doué.

LES ŒUVRES CONSERVÉES
AU MUSÉE DE SÈVRES

Qu'il n'ait jamais considéré la création de modèles industriels comme une besogne inférieure et dont on s'acquitte sans y engager son cœur, son âme et toute sa conscience d'artiste, la preuve en est sous les yeux de tous ceux qui fréquentent les musées.

Considérons par exemple un petit monument en porcelaine qui est conservé au Musée céramique de Sèvres. Il se compose essentiellement d'une cassolette, supportée par quatre jeunes femmes presque nues qu'on a appelées, je ne sais pourquoi, « les quatre saisons », et reposant sur une double base. Ces figures sont admirablement groupées ; c'est un plaisir que de les examiner en détail : les pieds, les mollets, les cuisses, les fesses, la taille, les seins, les épaules et les bras sont d'un modelé charmant. Les draperies sont légères et exquises, les têtes très fines et suffisamment expressives. De tous points de vue, c'est une œuvre de maîtrise.

Dira-t-on que cela est plus joli que beau, et plus gracieux que puissant ? Sans doute. Mais pour une œuvre d'appartement, pourquoi pas ? On pourrait ajouter qu'il y a un peu trop de détails et de pittoresque. La bordure d'or des draperies les souligne peut-être inutilement. Les minces courroies d'or de la ceinture et les peignes d'or dans les cheveux se seraient mieux fondus dans l'ensemble s'ils n'avaient été ainsi rehaussés. Ces détails dispersent l'attention et changent le caractère. Mais cette œuvre date de 1884: ainsi était le goût de l'époque. Qui sait si la mode qui tend aujourd'hui à la sobriété ne se tournera pas de nouveau vers le pittoresque du détail ?

Au point de vue de la composition décorative, peut-être la base est-elle un peu maigre, malgré sa bordure d'or, de même peut-être que le socle, soutenu par quatre consoles rudentées entourant un soubassement qui est aussi souligné d'or fin.

La cassolette, d'un blanc crême rehaussé d'or, se ressent des formes du Second Empire et du style de l'Opéra. On dira aujourd'hui que le bouton de poignée qui se compose d'un buste de Diane n'est pas logique. Mais voyez la charmante qualité de ce

FONTAINE

buste, et celle de ces têtes d'enfants qui voisinent avec des cornes d'abondance contenant des fruits d'or ! Voyez surtout les qualités de modelé de ces quatre grandes figurines de femme légèrement drapées !

Dans la même salle du même Musée, l'une des pièces les plus importantes est la maquette d'une fontaine avec groupes et figures.

Cette maquette supporte d'être comparée à la « Fontaine des Innocents » du quartier des Halles quoiqu'elle soit de conception et d'exécution tout à fait différentes.

Dans son ensemble voici comment elle se présente : Le socle se compose de trois gradins formant des vasques pour l'eau et d'où s'érigent des pilastres que décorent quatre torses magnifiques d'Atlantes. Ces Atlantes ont des chevelures fleuries qui supportent des chapiteaux corinthiens et un entablement quadrangulaire sur lequel repose une coupole au-dessus de laquelle se gonfle un dôme qui comporte quatre arêtes vives que surmonte une figure de femme nue. Un mur hexagonal entoure la base et lui donne de l'assise. Telle est l'œuvre de l'architecte.

Et voici les groupes décoratifs inventés par le sculpteur : Aux quatre angles supérieurs (où il y a maintenant des vases), Albert Carrier voulait placer quatre groupes de deux figures nues se composant avec une outre. Et il en a placé quatre autres à peu près symétriques aux quatre angles inférieurs de la vasque presque sur le sol.

Telle que nous la reproduisons, cette composition est harmonieuse et belle, logique et simple, très riche de forme, très élégante de lignes, très stable. Elle donne pleine satisfaction à l'esprit. Le goût de notre temps discute-t-il ce couronnement quadrangulaire ? Il se peut. Les dômes du Louvre n'ont pas encore été admis par tous. L'opposition n'a pas désarmé. Mais l'ensemble est remarquable. Il n'y a pas trop de décor et surtout pas trop de détails pittoresques. Les mufles de lion et la très souple guirlande qui forme décoration sont sobres et beaux. Les bas-reliefs représentant des amours et des dauphins se jouant sur les flots se fondent très bien dans l'ensemble. J'aime moins les cartouches destinés peut-être à une inscription mais un ongle les gratterait sans rien changer à l'ensemble. Je trouve parfaits les quatre vases d'angle, de forme ovoïde, et leur décor qui sent son époque. Y a-t-il au mur de la vasque un peu trop de palmettes, de torsades ? Et discutera-t-on les masques joufflus à couronnes de plumes d'autruche qui, avec leurs guirlandes et volutes, s'apparentent aux motifs de l'époque de Louis XIV ? Bornons-nous à admirer l'ensemble et remarquons, dans cette esquisse, le brio et comme la fièvre de l'exécution !

Les atlantes sont simples, puissants, forts et beaux. Les deux hauts-reliefs qui font penser à Clodion sont exquis de liberté, d'élégance, d'arabesque décorative, de grâce et de charme.

Les quatre grands groupes à deux personnages autour d'une outre sont magnifiques d'arrangement, de justesse dans les attitudes, de nerveux et d'harmonie. Rodin les eût aimés pour leur caractère décoratif, et ce je ne sais quoi de fiévreux et de nerveux qui n'eût peut-être pas été conservé au même degré dans l'exécution finale mais qui, dans l'esquisse, sont si séduisants !

Dans les groupes où une figure nue se joue avec une adolescente, c'est toute la grâce de la jeunesse, du printemps et de la beauté en ses formes pleines et graciles. Tout est conçu par le balancement et par l'équilibre des masses, par l'arabesque décorative et la justesse gracieuse du mouvement.

Revenons aux œuvres d'art décoratif exécutées et exposées aujourd'hui dans le musée de la manufacture. Comme il semble qu'il y en ait peu, si l'on se rappelle le chiffre prodigieux cité par Paul Mantz ! Il estimait à quinze cents le nombre des modèles exécutés par Albert Carrier-Belleuse ou tout au moins sous ses yeux, par ses soins et sur ses indications !

Au centre de l'édifice, placé sous la voûte de la coupole, se trouve représenté un « Enlèvement ». C'est une adolescente nue tendant les bras vers un Éros ailé. Ce groupe fait penser à « l'Enlèvement de Proserpine », de Girardon, qui se trouve à Versailles, et sans doute est-ce le même sujet qui a inspiré les deux œuvres. Dans celle de Carrier-Belleuse, on remarquera que le mouvement de la petite adolescente qui tend les bras est d'un élan, d'une grâce et d'une finesse d'exécution exceptionnels.

J'admire aussi un service à café que je trouve très net de lignes, beau de forme et d'un fort joli décor. J'en aime vivement certains détails, par exemple cette anse qui se compose d'un torse de femme avec des seins délicieux. Les tasses sont d'une grande souplesse de forme, d'une extrême délicatesse et reposent sur de très petites bases trépodes qui ne leur enlèvent ni leur assise, ni leur caractère pratique, et leur donnent de l'imprévu et de la légèreté. Peut-être le bec de la cafetière est-il trop compliqué, manquant de sobriété, mais le petit torse de femme nue qui donne sa forme à l'anse est adorablement joli.

Pourquoi la « Minerve » placée dans la même vitrine porte-t-elle sur un cartouche : sculpture de

Forgeot et Sandoz ? Comme il est difficile de savoir, en art décoratif, ce qui appartient à l'un et ce qui appartient à l'autre !

Cette Minerve assise, avec sa lance et son bouclier, a beaucoup de grandeur, malgré ses petites dimensions, beaucoup de caractère, de force et de simplicité. Le visage un peu Davidien est peut-être froid, mais les mains et les bras sont exquis. Le mouvement est parfait, sauf peut-être la jambe gauche placée sur la jambe droite et un peu trop élevée, surtout pour une figurine destinée à être reproduite en matière fragile. La draperie, le bouclier et le socle sont parfaits. C'est de l'art précieux, fin, harmonieux, discret et non dénué de force malgré son caractère gracieux.

Remarquons encore la salière double qui se compose de deux petites soucoupes plates, portées chacune par un carquois, et que sépare une tige reliée aux carquois par des volutes d'un enroulement très délicat. Le tout repose sur un plateau. C'est d'une finesse exceptionnelle, d'une netteté de composition, de dessin et d'exécution extraordinaire. La tige qui forme poignée est surmontée d'un bambin nu qui brandit sa couronne, formant l'anneau de prise, de ses deux menues mains potelées très harmonieusement levées au bout de ses petits bras. Qu'on le regarde de face, de profil ou de dos, qu'on attache le regard à son visage joufflu, à son ventre ou à ses bras à fossettes, c'est une petite merveille.

J'aime aussi le drageoir rose à réserves de blanc et or. Peut-être est-il un peu rebutant au premier aspect par sa forme générale très second Empire, parce que cette forme n'a pas encore assez vieilli, parce qu'elle n'a pas pris son recul dans le passé et que nous sommes encore en réaction contre elle. Mais veuillez remarquer les qualités d'exécution ! Et cette frise apollonienne de petits amours ; quelle netteté, quel nerf et quelle élégance dans les volutes de l'anse : cela est fin et robuste et fait penser au quatrain de Théophile Gautier :

Tout passe
L'art robuste
Seul à l'éternité.
Le buste
Survit à la Cité.

Et cela justifie l'aphorisme inscrit sur l'un des murs de la Manufacture : « Fragilia et perennia ! »

Les stucs des temples d'Egypte et les verres phéniciens font encore notre émerveillement malgré leur fragilité quoiqu'ils datent parfois de bien plus de deux mille ans !

LES DESSINS

Dans l'œuvre de Carrier-Belleuse, les dessins occupent une place importante. Il en a fait des centaines, sinon des milliers, d'après la figure humaine, presque toujours des femmes, et d'après la fleur, l'arbuste, les feuillages. Il s'en est ensuite souvenu pour les dessins de vases, de rinceaux, de ferrures et même de chimères et de guivres. Nous savons encore par Paul Mantz, qui fut son ami, qu'il avait commencé à les recueillir pour en faire un vaste répertoire d'ornementation comparable aux grands répertoires de formes architecturales qui se publièrent sous l'inspiration et par les soins de Viollet-le-Duc.

De ces dessins, les plus touchants et les plus émouvants furent certainement ceux qui furent faits d'après le modèle nu. Le Musée de la Manufacture en possède plusieurs. Celui que je préfère représente une jeune femme debout sur un arc de cercle qui fait penser à la courbe du globe terrestre. Elle a les bras étendus et soutient dans chaque main la tige d'une torchère lumineuse à laquelle la relient des voiles et des rubans passant derrière elle pour aller de l'une à l'autre tiges qui posent sur l'arc de cercle. Ces voiles soulevés der-

BERCEAU

rière elle font penser aux ailes de Psyché, diaprées comme des ailes de papillon.

On a dit : cela ressemble à Prudhon. Oui, et c'est à l'honneur de Carrier-Belleuse dont le goût très sûr savait choisir ses modèles. Mais ce dessin, on le sent, est fait d'après nature et pour exprimer une sensibilité et une émotion personnelles devant la nature. Les lignes sont pures et délicatement enveloppées d'une atmosphère qui prouve que ce sculpteur avait aussi des yeux de peintre. L'ombre et la lumière se jouent avec une délicatesse exquise. Les formes se précisent sans sécheresse ; elles ont de la consistance et de la convexité sans la moindre lourdeur ; elles baignent dans l'atmosphère. Les seins palpitent, ils sont charmants et justes d'observation ; le ventre respire, les cuisses sont harmonieuses et rondes, bien qu'on y sente les os. Et quelle ombre délicate sur ce visage juvénile aux cheveux ébouriffés en coup de vent ! L'œil suit avec plaisir la belle construction de ce dessin inspiré directement du modèle et où l'anatomie est observée avec soin (1). Et l'on voit que tout est obtenu par le modelé: dessin de peintre à cause de l'enveloppe atmosphérique et des jeux de l'ombre

(1) Cette opinion coïncide avec celle de Charles GARNIER, « Le nouvel Opéra » : « Carrier-Belleuse est de l'école des savants, car il sait étudier avec conscience..... »

et de la lumière, mais dessin de sculpteur par la juste observation du modèle anatomique et de sa structure réelle ! Pas un détail de trop. Pas une difficulté éludée. C'est la vision d'un artiste exprimée par une main d'une habileté prodigieuse.

Ce dessin est le plus beau de ceux qui figurent à cette Exposition, mais j'admire aussi beaucoup la Diane à l'arc avec deux amours se jouant le long de ses jambes. Elle est surmontée d'une cassolette placée sur un trépied. Peut-être cette cassolette et ce trépied n'ajoutent-ils rien à la beauté du dessin, mais ils répondaient à une préoccupation pratique. Il semble que le souci décoratif ait, dans ce dessin comme dans plusieurs autres, fait dépasser à Carrier-Belleuse le point de perfection. Quoique joli de couleur par l'heureux emploi du blanc et du gris, ce dessin ne vaut pas l'autre.

Il en est de même pour les deux hommes nus se tournant le dos et assis sur un siège dont on ne voit que deux pieds, et supportant de leur tête un cadre à guirlande, destiné sans doute à une inscription. Ce cadre est ennuyeux, mais les figures sont très belles.

J'admire aussi beaucoup le groupe datant, je crois, de 1844 et qui nous présente trois figures féminines nues jouant des cymbales ou du tambou-

rin, ou formant de leurs bras tendus une vivante
et touchante guirlande. Comme cela est enlevé ! Et
sans détail inutile. Elles ont des sabots de faunesse
et le mouvement qui les emporte fait penser, sans
que cela comporte de nuance péjorative, à la *Danse*
de Carpeaux.

On retrouve ces quatre groupes de danseuses
dans le très beau vase bleu désigné par tradition
sous le nom de vase Carrier-Belleuse. Elles se
présentent dans un éclairage bleuâtre, comme noc-
turne. Ce vase nous permet de remarquer la transposition du dessin et sa transfiguration par le feu :
ce n'est ni mieux, ni moins bien, mais c'est autre
chose. Et c'est très bien. Le dessin est plus net, plus
précis, avec des contours mieux délimités quoiqu'un
peu noyé dans l'atmosphère. Passées par le feu,
ces figures ont moins de charme mystérieux parce
que les passages de l'ombre à la lumière ont moins
de fondu, mais ils ont plus d'éclat, de vigueur, et
la belle matière incorruptible, dure sans sécheresse,
presque tendre malgré sa dureté, épouse leur
forme en pliant à sa propre forme ces figures
dansantes.

Ce dessin est moins poussé que les autres.
Sans doute est-ce parce qu'il n'était pas fait
pour lui-même, mais en vue d'une utilisation
immédiate. Sa transposition en décor de vase a

donné à la céramique comme un reflet du charme
et du mystère de l'œuvre jaillie directement des
doigts et du cœur de l'artiste. Ce vase a d'ailleurs
des bleus magnifiques et variés. C'est un chef-
d'œuvre d'exécution et qui fait grand honneur aux
traditions et aux ouvriers de notre grande manufacture.

CONCLUSION

Parvenu presque au terme de cette rapide étude
rétrospective, il serait temps de conclure. Il eût été
pourtant séduisant de peindre par quelques tou-
ches légères le milieu où vécut notre artiste et
d'évoquer l'atmosphère artistique où il se déve-
loppa.

Rappelons-nous qu'il est né en 1824, la même
année que Gérôme et Boulanger, trois ans avant
Carpeaux. La précocité de son talent, puisqu'il
produisait des œuvres remarquées dès la quinzième
année, a fait de lui l'aîné de ces grands noms. Nul
ne le connaîtra s'il ne s'accorde le plaisir d'une
visite dans les salles de la sculpture moderne au
musée du Louvre où son *Hébé endormie,* dans la
salle Carpeaux, tient sa place avec éclat et dignité
malgré la présence de chefs-d'œuvres illustres
entre tous dont la gloire est incontestée.

Les principaux contemporains et émules de ces deux grands artistes voisinent maintenant avec leurs devanciers et leurs successeurs dans la paix solennelle de l'immortalité relative. Albert Carrier-Belleuse supporte d'être comparé même aux plus grands. Il fut très suffisamment personnel et original, et son goût de la perfection donne à presque toutes les œuvres sorties de ses mains un accent qui lui appartient. Je me demande d'ailleurs si beaucoup d'artistes et de critiques ne se trompent pas quand ils vont partout répétant : « ce qui est important, c'est la personnalité ! Ce qui est essentiel, c'est la personnalité ! » J'ai cru autrefois à ces maximes trompeuses. Mais nous ne voyons que trop à quels succès éphémères conduit cette recherche à outrance de l'originalité. Les peintres primitifs ne se préoccupaient pas de la personnalité. Ils se préoccupaient d'atteindre à la perfection tant au poin de vue technique qu'au point de vue plastique et pour l'éclat du coloris autant que pour sa qualité ; il en a été de même des sculpteurs (1). J'en arrive à croire que les artistes doivent

(1) De Charles GARNIER, « Le nouvel Opéra » : « Carrier-Belleuse est avant tout de la race de ces artistes de la Renaissance italienne pour qui la tache était la préoccupation en peinture, et la silhouette la préoccupation en sculpture. Carrier-Belleuse, je crois bien, ne se préoccupe de rien, mais par intuition il compose et exécute de façon à laisser toujours la silhouette dominer, et dominer heureusement par ses accents, ses contours et ses modulations. »

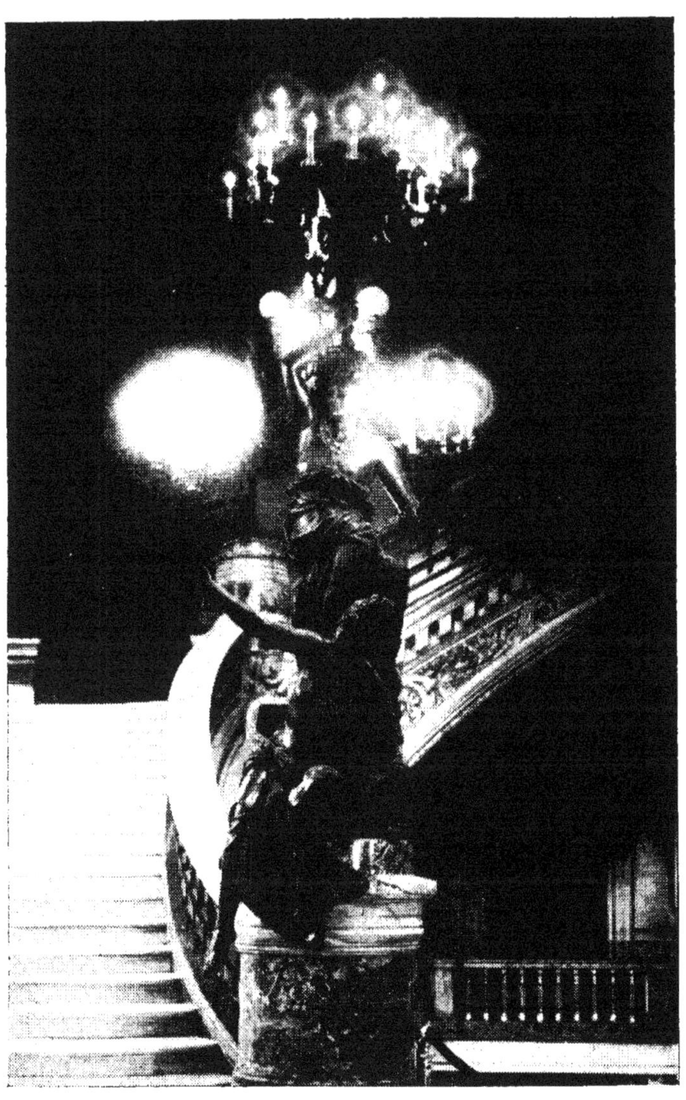

chercher avant tout à connaître leur métier, à avoir
des idées, à prendre conscience de leurs facultés,
à les développer, et surtout à tendre vers le plus de
perfection possible dans l'exécution. La personnalité, l'originalité et le reste leur seront donnés
par surcroît. Il n'y a guère, dans les pays les mieux
partagés, que quatre ou cinq grands artistes révo-
lutionnaires, et quelles pléiades, au contraire,
d'artistes de génie et d'éminents talents !

Carrier-Belleuse a été, dans toute la force du
terme, un grand et bel artiste. J'ai essayé de vous
montrer successivement en quelques traits le
sculpteur proprement dit, auteur de belles statues,
de groupes, de bustes et de figurines. J'ai précisé
ensuite sa maîtrise dans presque tous les arts
décoratifs (1). J'ai aussi rendu hommage à l'infatigable créateur de modèles industriels dont beau-

(1) De Charles GARNIER, « Le nouvel Opéra » : « Ce qui domine
dans le mérite de ce statuaire, c'est sa grande faculté de décoration. Oui, Carrier-Belleuse est, je ne veux pas dire le premier,
mais un des premiers statuaires décorateurs de notre époque ; et
qu'il fasse un simple buste, un candélabre ou un grand groupe, ses
qualités, je dirai même son génie de décoration, se montrent et
jaillissent à tous les regards. Quand un artiste est doué à ce point
de cette qualité qui ne s'acquiert pas, il ne faut plus rechercher les
autres : on les reconnaît, on les constate, on en voit la valeur mais
elles ne servent pour ainsi dire que de moyen pour arriver au
résultat définitif. Quelle grande et belle chose que d'avoir en soi ce
sentiment décoratif qui nous amène instinctivement à tracer des
contours, des silhouettes qui s'imposent avec puissance. Etre déco-
rateur, ce n'est pas sans doute le but sublime de l'art, mais c'est
le but de l'art vivant, de l'art qui charme, de l'art qui entraîne,
et Carrier-Belleuse a cela pour lui. »

coup sont des chefs-d'œuvre au même titre que les
œuvres dites d'art pur.

Quelle méthode — intuitive ou raisonnée — a-t-il
dû s'imposer dans le travail pour soutenir la charge
de tant de commandes, de tant de travaux per-
sonnels, de tant d'entreprises de toutes sortes !
On sent qu'il était doué d'une intelligence vive,
c'est-à-dire de l'aptitude à tout comprendre et
d'une sensibilité ardente et raffinée, c'est-à-dire
de l'aptitude à tout sentir et à tout deviner. Par
son éducation manuelle et technique, il était en
possession d'un métier incomparable. Il connais-
sait toutes les ressources de sa profession : l'habileté naturelle de la main et la méthode dans le
travail ont fait le reste.

Carrier-Belleuse avait à un haut degré l'une
des qualités les plus rares de l'esprit humain :
l'imagination, et il eût par conséquent le don d'invention. Son habileté manuelle lui permit d'être
d'une incomparable fécondité. Il avait des yeux de
peintre, ses dessins le prouvent, et une singulière
facilité à voir aussi tous les spectacles de la vie
par le relief, par le mouvement, par la ligne fugi-
tive et qui se renouvelle sans cesse, par le balancement des volumes et des masses. Il sut, à ses
heures, avoir de la force. Son Masséna, son Dumas
et sans doute ses monuments équestres aujour-

d'hui en Amérique le prouvent. Il eut toujours la grâce, le charme et la séduction.

D'un goût très éclairé, il admira, au moment où la mode ne les désignait pas, les Clodion, Boizot, Jullien, Falconet, Prud'hon et même Houdon et Jean Goujon. Il réagit à sa manière et avec succès contre le goût Louis-Philippe. S'il a parfois dépassé le point juste de la perfection et permis aux détails d'empiéter sur le principal, il serait cependant injuste de ne le juger que sur ses œuvres les plus reproduites. Certains bustes de fantaisie en terre cuite, et qu'on retrouve encore partout, servent mal sa réputation. Les concessions qu'il fit à la mode et parfois au mauvais goût du temps ne doivent pas laisser oublier ses œuvres de grand artiste. Une partie de son œuvre est périmée : c'est celle qui est empreinte de ce parisianisme dont il a été l'un des inventeurs et dont la vogue même a rendu plus sévère une défaveur plus injuste encore peut-être que ne le fut un succès exagéré. D'ailleurs ces anecdotiers, ces faiseurs de figurines apparaissent plus tard comme les mémorialistes d'une époque. Qui sait si même cette partie de l'œuvre de Carrier-Belleuse ne retrouvera pas un jour le succès que retrouvent aujourd'hui les dessins fashionables de Constantin Guys ou les aquarelles d'Eugène Lami ?

Cependant, même si une partie de son œuvre doit demeurer sacrifiée, des chefs-d'œuvres lui assurent l'admiration durable de tous les connaisseurs à venir. Devant la postérité, chacun se présente avec ses meilleures productions. Nul critique de bonne foi ne juge Corneille sur Agésilas.

Le souvenir de la personne privée ajoute à la légitime réputation des meilleures œuvres, une sorte de prestige particulier. Beaucoup ont survécu d'entre ceux qui ont connu personnellement Carrier-Belleuse et leur témoignage est unanime : ce fut un homme bon et droit, un homme de cœur.

Par les gravures de son époque, je devine ce qu'était son visage : une belle tête d'artiste, le nez légèrement busqué, le menton volontaire, les yeux très doux aux paupières un peu tombantes et la crinière de cheveux fins, devenus blancs très tôt, rejetés en arrière par un mouvement familier de la main. De petite taille et devenu assez vite un peu gros, il se redressait et rejetait volontiers la tête en arrière. Il était, dit-on, d'une certaine timidité, mais d'autant plus énergique et volontaire dans la poursuite du travail solitaire.

Le catalogue de sa vente, en décembre 1887, est révélateur de sa vie privée, de ses goûts et même de sa façon de vivre. Sa bibliothèque, outre tous les livres documentaires sur l'architecture, l'ornement et les Beaux-Arts, sur les chefs-d'œuvres de l'art antique et sur les musées d'Europe comportait aussi de très belles éditions des grands auteurs classiques, plusieurs volumes des petits poètes comme Dorat, en édition du XVIIIᵉ siècle, le Décaméron avec gravures et grandes marges, le Dante avec les gravures de Gustave Doré, tout Walter Scott, voisinant avec l'abrégé d'histoire de Hénault. On juge par ces exemples de son goût pour les beaux livres et de la qualité de ses lectures.

Cette vente comportait aussi une très belle collection de faïences anciennes, avec des pièces de choix, une belle collection de porcelaines précieuses avec des Chine et des Japon, beaucoup de meubles anciens, surtout armoires et crédences du XVIᵉ siècle, et des petits meubles en marqueterie du XVIIIᵉ, des sièges et un canapé d'époque Louis XIV recouverts de tapisserie au point, des tapis d'Orient, des portières en broderies de soie à fleurs du XVIIIᵉ siècle, une grande tapisserie « Verdure » ornée de volatiles, et quatre grands panneaux en ancienne tapisserie de Bruxelles, allégories de l'histoire des Romains, avec bordure et trophées à emblèmes du XVIIᵉ siècle.

Ainsi Carrier-Belleuse était-il un lettré, un amateur et un collectionneur en même temps qu'un grand artiste. Il avait l'esprit ouvert et s'intéres-

sait à tout. Bien que n'ayant pu se créer une large
aisance, il avait su élever soigneusement ses huit
enfants, secondé par Mme Carrier-Belleuse qui
fut une épouse et une mère incomparable.

En ce qui concerne ses œuvres, le catalogue de
cette vente comprenait 482 numéros se répartis-
sant comme suit :

Maquettes de monuments, de 1 à 26. — Bustes
et statuettes, de 27 à 35. — Marbres, de 36 à 41. —
Groupes en terre cuite, de 42 à 72. — Statuettes
en terre cuite, de 73 à 112. — Statuettes historiques (Dumas, Rousseau, Delacroix, Desmoulins,
Molière), de 113 à 117. — Bustes d'imagination, de
118 à 165. — Bustes historiques, de 166 à 179. —
Dessins, de 180 à 482.

Le 12 juin 1924, la Municipalité de Paris a inau-
guré une plaque commémorative sur la maison
portant le numéro 15 de la rue de la Tour-d'Auvergne où il habita pendant trente ans un rez-de-
chaussée qui comportait plusieurs ateliers et un
jardin. C'est là qu'il recevait.

Ses meilleurs amis furent Gustave Doré,
Edmond About, Lambert Thibout, Champfleury,
Charles Garnier. Il eut pour élèves, Delaplanche,
Falguière, Rodin. Des débutants plus jeunes
encore, comme Roty, venaient lui demander

conseil pendant l'exécution de leur grand concours de Rome ; tous le savaient dévoué aux jeunes et aimant à faire plaisir. Auguste Cain, le grand animalier, était son ami d'enfance. Ils avaient joué ensemble en sortant de chez Fannière, le long du canal Saint-Martin et ne se perdirent jamais de vue.

Quel professeur il fut, et quel animateur, tous les témoignages le confirment.

Il mourut en juin 1887, auprès de la Manufacture dont il dirigea les travaux d'art jusqu'à l'épuisement de ses forces. Ses derniers jours furent attristés, dit-on, par de l'albuminurie. Il redoutait une cécité, dont la menace lui paraissait chaque jour plus imminente. Ses enfants ont raconté que peu de jours avant sa fin, un jour que sa fille Octavie lui jouait au piano l'andate de la sonate *Au clair de lune*, de Beethoven, il dit d'une voix pénétrante : « Ah ! qu'il ferait bon mourir un matin quand les étoiles s'en vont et que les oiseaux chantent ! » Ainsi est-il demeuré jusqu'à la dernière minute en communication directe avec la Nature qu'il a tant aimée, si bien comprise et qu'il a célébrée par ses œuvres.

Le nom d'Albert Carrier-Belleuse demeurera inséparable de ceux des cinq ou six très grands artistes que grouperont les historiens, pour écrire le chapitre du second Empire, dans l'histoire de l'Art français.

PORTRAIT DE A. CARRIER-BELLEUSE (par Cormon)

Centenaire de A. Carrier=Belleuse

Inauguration de la plaque commémorative
apposée sur la Maison 15, rue de la Tour-d'Auvergne,
où le Sculpteur **CARRIER-BELLEUSE** a habité
de 1855 à 1887

Le 12 Juin 1924, 10 heures

Discours de M. Georges LALOU
Président du Conseil Municipal

MESDAMES, MESSIEURS,

Le Conseil municipal de Paris qui, dès 1888, donnait à
une rue de la Capitale le nom de Carrier-Belleuse, a tenu
à honneur de s'associer aujourd'hui à la pieuse commé-
moration organisée par la famille du grand sculpteur à
l'occasion du centenaire de sa naissance. Et s'il m'est permis d'ajouter un sentiment personnel au sentiment
commun que je suis chargé d'exprimer, le devoir qui
m'incombe de présider à l'inauguration de cette plaque
m'est particulièrement doux à remplir, à raison des liens
d'amitié qui m'unissent à cette belle famille qui perpétue

si brillamment, au milieu de nous, les mérites et les talents de son fondateur.

Né à Anizy-le-Château, le 12 juin 1824, Albert-Ernest Carrier-Belleuse appartient donc, par ses origines, au département de l'Aisne qui le revendique avec fierté comme un de ses plus illustres enfants. Mais la Ville de Paris, où il a vécu toute sa vie d'artiste, a quelque droit de se parer de sa gloire, et elle se doit d'autant plus d'honorer son souvenir que de son joli village natal, où la guerre a passé, il ne reste plus, hélas ! qu'un amoncellement de ruines.

C'est dans cette maison, Mesdames et Messieurs, que pendant 32 ans, de 1855 à 1887, Carrier-Belleuse a habité et travaillé ; c'est dans cet atelier qu'il a exécuté la plus grande partie de son œuvre.

Ici sont venues poser tant de gloires ou de notabilités parisiennes dont il a immortalisé les traits : Renan et Théophile Gautier, Thiers et Jules Simon, Napoléon III et le Baron James de Rothschild, Mme Marie Laurent et Mlle Croizette, combien d'autres encore !

D'ici sont partis tant de bronzes et de marbres qui se sont imposés tout de suite à l'attention, puis à l'admiration du public et de la critique par cet heureux assemblage de qualités qui était propre à leur auteur : un goût impeccable, un sentiment exquis de la grâce et de la beauté féminine, une merveilleuse habileté technique, beaucoup d'imagination et beaucoup de savoir.

Appelé en 1876 à la direction artistique de la Manufacture de porcelaines de Sèvres, Carrier-Belleuse, dans ce nouvel emploi de son talent, trouva l'occasion d'exercer une très efficace et très heureuse influence sur le développement de notre art industriel français. Il sut s'inspirer des belles traditions des maîtres du passé et notamment de ce Clodion avec lequel on l'a souvent comparé à juste titre, tout en demeurant résolument de son temps et en affirmant sa personnalité originale, toute de charme et de délicatesse.

Nos musées et nos monuments publics s'honorent de posséder quelques-unes de ses plus belles sculptures. Nous lui devons en particulier le fronton et les bas-reliefs de la Banque de France, une des fontaines du Palais-Royal, les torchères de l'escalier de l'Opéra, et, ce qui nous touche de plus près encore, plusieurs des statues de notre Hôtel de Ville.

Carrier-Belleuse vivra par son œuvre. Il vivra aussi par les élèves qu'il a formés et qui gardèrent toujours pour lui autant d'affection que de gratitude, un Delaplanche, un Falguière, et enfin Auguste Rodin.

La nombreuse assistance qui se presse à cette solennité témoigne du rayonnement durable de son talent et de son influence. La Ville de Paris, à la couronne de beauté de laquelle il a ajouté quelques-uns de ses plus nobles et de ses plus gracieux fleurons, se devait de joindre son hommage à celui de ses fidèles admirateurs, et c'est de cet hommage, Mesdames et Messieurs, qu'encore une fois je suis profondément heureux et honoré de me faire le très modeste et très sincère interprète.

Jeudi 12 Juin 1924

Inauguration d'une inscription commémorative
de CARRIER-BELLEUSE
15, rue de la Tour-d'Auvergne

Discours de M. JUILLARD
Préfet de la Seine

Messieurs,

L'hommage qui est aujourd'hui rendu à Albert-Ernest Carrier-Belleuse, et auquel je suis heureux de m'associer, s'adresse au talent fécond d'un maître exceptionnellement doué, à la mémoire d'un artiste complet, à une vie admirable de travail et d'efforts.

Le nom de Carrier-Belleuse demeurera — entre autres souvenirs — attaché à une expression captivante et personnelle de la grâce et de l'élégance modernes. Ses œuvres révèlent toutes ce souci de la finesse et de la perfection des formes qui a fait vivre pour tant de nos contemporains une image souriante de la beauté.

Il semble que la destinée, en obligeant Carrier-Belleuse à se former tout d'abord aux écoles plus modestes de l'art ornemental, ait voulu fortifier en lui le goût de la composition harmonieuse, de l'exécution parfaite. L'orfè-

vrerie et la ciselure, auxquelles, dès son adolescence et
durant toute sa vie, il a donné tant de modèles de grand
style, avaient laissé à ce talent si supérieur à elles, comme
le meilleur de leur discipline. Elles avaient aussi contri-
bué à la formation, trop rare aujourd'hui, d'un artiste
complet, auquel presque aucune branche de l'art n'était
étrangère. Carrier-Belleuse a pratiqué avec la même
aisance la gravure, la peinture, la statuaire. Comme les
grands artistes de la Renaissance, il était maître des tech-
niques les plus diverses et anoblissait les arts mineurs
de la pensée souveraine et haute du grand art.

Ce fut un admirable travailleur à l'âme solidement
trempée, que les contingences matérielles laissèrent toujours dédaigneux. Obligé, dès l'enfance, de se plier aux
dures nécessités de l'existence, de travailler pour vivre,
il ne dut qu'à son talent, privé de guides et de maîtres,
mais soutenu par une foi ardente, de forcer, à 16 ans, les
portes de l'école des Beaux-Arts. Déjà, il était rempli de
cette soif d'idéal, de cette passion de la beauté et du
labeur désintéressé qui devaient animer cet atelier et cet
intérieur où, dans une atmosphère d'art et de haute cul-
ture, grandissait une belle famille de huit enfants, tous
dignes de la tradition paternelle.

C'est une heureuse pensée que d'avoir évoqué dans
cette cérémonie du souvenir, sa longue résidence dans
cette maison, où il vint se fixer après un séjour prolongé
en Angleterre. Cet honneur était bien dû au cadre où s'est
déroulée et où, peut-on dire, s'est affirmée la carrière
magnifique de celui que Paris et la France considèrent
comme un de leurs maîtres les plus fiers et les plus
séduisants.

Discours de M. ALLOUARD

Sculpteur

Président des Parisiens de Paris

Monsieur le Président du Conseil Municipal,

Monsieur le Préfet,

Mesdames, Messieurs,

Ce n'est pas sans une certaine émotion que je prends la parole devant vous. En effet, c'est simplement à mon âge que je dois cet honneur, car j'ai connu, aimé et admiré le brillant artiste dont nous célébrons aujourd'hui le centenaire.

Avant tout, nos remerciements au Conseil municipal qui, par l'apposition de cette plaque, enseignera aux générations futures que Paris a toujours su reconnaître le vrai talent, et que le nom de Carrier-Belleuse ne doit pas être oublié.

En effet, il était bien l'artiste le plus représentatif de l'Art Décoratif sous le second Empire. Son influence fut énorme sur ses concitoyens car sa maîtrise extraordinaire lui permettait d'exécuter avec autant de facilité les grandes conceptions sculpturales que les charmantes figurines qu'il reproduisait à l'infini en biscuit, terre cuite, marbre ou bronze, et qui lui ont valu sa grande réputation — je n'ai pas fait partie de son atelier, les hasards de la vie ne l'ont pas permis — mais par des camarades tels que Falguière, Delaplanche et d'autres, on savait l'intérêt

qu'il portait aux jeunes et avec quelle bonté il les accueil-
lait !

Pendant 32 ans, avec sa digne compagne et ses huit
enfants, Carrier-Belleuse a habité l'appartement du rez-de-
chaussée de cette maison, et a travaillé et lutté dans le
grand atelier qu'il avait fait construire dans le jardin.
C'est là qu'il a exécuté ses plus belles œuvres, où bril-
laient surtout la finesse du modelé, la souplesse et la
grâce des attitudes, une morbidesse exquise, une lan-
gueur pleine de charme ! C'est là surtout qu'il exécuta
cette quantité de bustes de personnages célèbres dont
l'énumération serait trop longue. On peut citer cependant
Renan, Théophile Gautier, Emile Augier, Edmond About,
George Sand, A. Dumas, Desclée, Croizette, Nilson, etc.,
etc... Il fit même à Vichy un remarquable portrait de
Napoléon III. Et dans chaque buste il saisissait sans se
tromper le caractère saillant de la physionomie de son
modèle et savait en faire ressortir l'ensemble avec une
fidélité frappante. Carrier n'avait pas seulement le talent,
il possédait la fécondité qui est l'apanage des grands
artistes.

Il fut un vrai romantique, aussi bien au physique qu'au
moral. Je vois encore sa belle tête à la moustache blanche, aux cheveux blancs bouclés, au regard si vivant et
si personnel, le tout abrité par un feutre gris à larges
bords — un pantalon à la hussarde, de velours noir, un
veston rouge, un gilet blanc et une cravate blanche complé-
taient le costume. Les vieux de la rue de La Tour-d'Auvergne ne peuvent l'avoir oublié.

Il avait une grande qualité, rare parfois chez les artistes, il faut bien l'avouer, il n'était ni jaloux, ni envieux de
ses confrères. Le jour où l'on découvrit le groupe de la

Danse à l'Opéra, Carrier sauta dans une voiture, se fit vite conduire à Auteuil et, sous l'empire d'une véritable émotion, donna l'accolade à son camarade Carpeaux.

Du reste, son fils Pierre, l'éminent pastelliste que nous connaissons tous, m'a raconté que, dans sa jeunesse, son père l'emmenait ainsi que son frère Louis, devant la *Marseillaise* de Rude, à l'Arc de Triomphe et leur disait : « Découvrez-vous devant l'œuvre la plus émouvante et la plus grandiose de la sculpture française. »

Aujourd'hui, c'est le monde entier qui se découvre devant la *Marseillaise* et le héros inconnu !

Pendant une douzaine d'années, Carrier fut directeur des Travaux d'Art à la Manufacture de Sèvres. C'est là qu'il termina sa brillante, mais trop courte carrière. Depuis deux ans, il perdait la vue, aussi un profond chagrin s'était emparé de lui.

Ceux qui, comme moi, l'ont connu, regrettent en lui l'homme de cœur, l'homme de bien et l'ami sûr et dévoué. Les autres regretteront l'artiste remarquable, distingué et toujours fidèle au culte du beau qu'il comprenait si bien.

Discours de M. LECHEVALIER-CHEVIGNARD

Administrateur de la Manufacture Nationale de Sèvres

Mesdames, Messieurs,

Je m'en voudrais de retarder longtemps le délicat plaisir qui vous est promis d'entendre l'éminent critique,
M. Achille Segard, vous entretenir de Carrier-Belleuse, de
sa vie si bien employée, de son œuvre multiple et si riche.
Pourtant vous vous étonneriez sans doute si, dans cette
maison qui a conservé un profond souvenir et une vivante
empreinte du maître, aucun de ceux qui s'efforcent de
continuer sa tâche ne se levait pour s'associer au juste et
émouvant hommage qui lui est rendu aujourd'hui.

Je vous rappellerai donc simplement que Carrier-Belleuse consacra à Sèvres les dernières années de sa vie,
cette période précieuse pendant laquelle, demeuré jeune
d'inspiration et de caractère, il était en pleine possession
de son talent. Il y arriva dans des circonstances difficiles,
appelé sur le vœu du Conseil Supérieur des Beaux-Arts à
prendre la direction artistique d'une maison dont tout le
monde signalait la déchéance et dont beaucoup récla-
maient la suppression immédiate. Nul mieux que lui
n'était préparé à l'ingrate mission qui lui était confiée, car
personne à cette époque n'avait eu autant que lui une
influence heureuse sur l'art décoratif de son temps ; la
céramique, en particulier, lui était familière puisque,
vingt-cinq ans plus tôt, il avait accepté l'exil pour aller en
Angleterre apporter toute la richesse de son imagination,

toute la variété de son talent au renouvellement artistique des vieilles et célèbres fabriques de Minton et de Weedgwood. A Sèvres, il venait pour la même raison, à la fin d'une ingrate période qui n'a laissé d'autre souvenir que celui d'une extraordinaire habileté de métier, mise malheureusement au service d'une déplorable indigence de goût et d'invention. Malgré cela, dès l'exposition de 1878, on constata l'influence de Carrier-Belleuse et celle-ci put prendre toute son ampleur et toute sa signification lorsque le directeur des travaux d'art se trouva aidé, encouragé par le grand animateur que fut le chimiste Charles Lauth, nommé directeur en 1879. Pendant huit années ces deux hommes poursuivirent le même but et le succès de leurs efforts trouva sa consécration à l'exposition de céramique organisée par l'Union Centrale en 1884 : le premier y présenta ses travaux sur la porcelaine dite « nouvelle », qui apportait à Sèvres et à l'industrie une ressource précieuse pour la décoration, ses recherches sur le grès et les rouges de cuivre ; Carrier-Belleuse y donna la preuve d'un labeur considérable et fécond, poursuivi dans toutes les branches de l'activité artistique. Avec la volonté de renouveler les formes désuètes en usage avant lui, il s'était attaché à composer de nouveaux profils de vases, des pièces originales, cherchant par l'adjonction de figures modelées, d'anses sculptées, de motifs en relief à modifier totalement l'aspect des produits de Sèvres. Il eut ce souci essentiel, et trop souvent négligé, d'adapter ses formes à une destination, d'en composer qui ne demandaient selon lui que la beauté de la matière elle-même et n'avaient besoin que d'un revêtement coloré pour prendre toute leur valeur, tandis que d'autres étaient spécialement établies en vue de la décoration, présentant de vastes champs à orner selon l'inspiration des décorateurs. Dans le domaine de la sculpture proprement dite, appliquée au biscuit, c'est aussi Carrier-Belleuse qui commença le mouvement de rénovation qui devait prendre toute son ampleur vingt ans plus tard. En 1878, la Manufacture ne fabriquait presque plus de biscuit et seulement des répétitions de quelques-uns des modèles charmants laissés par le xviiie siècle. En 1884, sans parler de toute la part que la sculpture avait dans le décor des vases, nous voyons apparaître les premiers modèles modernes, le grand surtout des Chasses, la figure et le buste de la République, l'exquise Minerve. Ici et là, surtout, il avait su renouer la tradition de grâce, d'élégance, de fantaisie qui avait assuré le succès de la Manufacture au xviiie siècle et que le xixe siècle avait négligé au point de compromettre l'existence même de l'établissement. Je m'en voudrais d'oublier une des qualités essentielles de Carrier-Belleuse, cette capacité d'entraînement qui avait su réveiller un personnel assoupi depuis de longues années, l'intéresser aux procédés nouveaux et appeler auprès du Maître, pour les faire collaborer aux travaux de la Manufacture, quelques-uns de ses meilleurs élèves. N'est-ce point ici le moment de rappeler que l'illustre Rodin travailla à Sèvres à cette époque, comme le maître Desbois, aux modestes appointements de 1.800 francs par an, et que nous trouvons dans les procès-verbaux des conférences de l'époque, sous une forme naïve, l'indication de l'attachement de Carrier-Belleuse pour son élève. On lit en effet ceci, en réponse à une critique : « M. Carrier répond que Rodin est un artiste de beaucoup de mérite et d'un talent fort souple, qu'en conséquence on doit trouver les moyens de le mettre à même d'appliquer son talent à des choses nouvelles. »

L'influence de Carrier-Belleuse fut si grande à Sèvres, qu'à sa mort, la conservation de la maison apparaissait aussi nécessaire que sa destruction avait été jugée indispensable quelques années auparavant. La Manufacture tant décriée en 1878 trouvait alors non seulement des défenseurs, mais des panégyristes ardents. C'est que Carrier-Belleuse, dans le domaine artistique, avait su lui rendre la vie, la mêler, en restant fidèle à la tradition française, au mouvement de son temps, lui assurer des collaborateurs jeunes et actifs. La richesse de son talent, ses qualités personnelles, l'attachement qu'il savait inspirer lui ont permis de marquer fortement par une œuvre caractéristique son trop court passage à la Manufacture. D'une maison ensommeillée depuis un quart de siècle il a su faire un organisme vivant, prêt à se renouveler chaque fois qu'un homme mettrait à son service sa foi et son talent. Carrier-Belleuse a laissé à Sèvres une belle moisson d'œuvres dont nous admirons encore la grâce, la souplesse et le caractère. Il nous a laissé aussi un exemple précieux, et la certitude qu'avec de l'enthousiasme, de la volonté et beaucoup de travail, une maison comme Sèvres peut se renouveler indéfiniment et rester toujours jeune.

Discours de Mme Virginie DEMONT-BRETON

Artiste-peintre

Mes chers amis,

Vous m'avez fait l'honneur de me placer au milieu de vous à ce banquet.

J'en suis profondément touchée. Vous avez voulu me fournir l'occasion d'y rappeler combien votre famille et la mienne furent liées d'amitié depuis bien avant notre naissance à tous.

Nos pères étaient de la même génération. Albert Carrier-Belleuse n'avait pas tout à fait trois ans de plus que Jules Breton. Ils s'étaient connus tout jeunes, dans tout l'enthousiasme de leurs débuts artistiques et leur franche camaraderie n'avait fait que grandir avec les années. Aussi loin que je remonte dans les souvenirs de ma première enfance, je revois, aux grands jours d'ouverture du Salon au Palais de l'Industrie, le beau statuaire avec ses fiers cheveux en crinière de lion, son regard à la fois limpide et brillant, son chapeau à larges bords si crânement campé, son vêtement généralement de velours noir et sa large cravate au nœud flottant.

En le voyant venir de loin, mon père s'écriait :

« Ah ! Voilà ce bon Carrier ! »

Et tous deux, d'un même élan, couraient l'un vers l'autre, les mains tendues. Alors ils se prenaient par le bras et en même temps aussi, ils disaient :

« Viens voir ce que j'expose, tu me diras ton avis. »

L'avis était donné en toute franchise, sans compliment

banal. Les progrès à faire étaient une chose qui semblait illimitée, on y trouvait toujours une conquête nouvelle à faire, de même que les astronomes, en sondant les profondeurs du ciel, découvrent chaque jour des étoiles inconnues. Car on était sincère, obstiné, on ne se contentait pas d'un à peu près de forme et de couleur.

On était les apôtres de l'Art avec un grand A et on cherchait à y apporter sa note personnelle.

Moi, fillette, j'écoutais leurs causeries, la confidence de leurs observations et de leurs projets. L'Art au xix° siècle était plus en honneur qu'il ne l'est aujourd'hui ; on ne l'avait pas encore vulgarisé par de multiples exhibitions et les artistes le considéraient comme une chose sacrée.

Carrier-Belleuse avait le respect des belles proportions, le sentiment intense de l'harmonie des lignes et de la grâce féminine. Pour lui, le modèle qui traînait de vieilles savates dans l'atelier, se divinisait dès qu'il le mettait dans la pose rêvée. Toute moissonneuse devenait une Cérès, toute baigneuse une Sirène ou une Vénus sortant de l'onde ; toute jeune mère une Charité ou une Vierge Marie. Dans les moments où il concevait une composition, il devait sentir le front pur des Muses se pencher vers lui.

Mon père goûtait et admirait ces qualités exquises, sa fécondité, sa prodigieuse facilité au travail. Il lui disait : « Toi, Carrier, tu es un virtuose de l'ébauchoir ! »

Bien que suivant dans l'Art un chemin différent et vivant dans des milieux divers, ils s'appréciaient mutuellement : le peintre des moissons et des soleils de France et le statuaire des grâces, des divinités et des amours se comprenaient. Qui eût pu prévoir alors que par l'union des petits-fils de l'un avec les petites-filles de l'autre, tous deux auraient, au vingtième siècle, les mêmes descendants !

Nos mères aussi sympathisaient vivement entre elles et on peut dire qu'elles se ressemblaient par leurs aspirations élevées, par leur attachement au Foyer familial, par leur amour et leur admiration pour leurs maris Elles étaient heureuses de penser que pendant qu'elles s'occupaient des menus soins de la vie matérielle, leurs chers artistes pouvaient se livrer tout entiers à leur inspiration.

Chacun de nous a dans son existence, de temps à autre, un jour rayonnant. Soyez sûrs, vous tous qui descendez de ce noble artiste, que le 12 juin 1924 sera l'un de ces jours-là dans le souvenir de tous vos amis, de tous les admirateurs de votre père, aïeul et bisaïeul. Tout ce qui a été dit aujourd'hui à Paris et à Sèvres a élevé notre pensée vers l'Idéal qu'Albert Carrier-Belleuse poursuivit pendant toute sa carrière et qu'il réalisa si magistralement par la figure de sa Vierge adorable de Saint-Vincent-de-Paul.

Donc, il y a un siècle aujourd'hui que, tout petit comme le Jésus qu'elle élève dans ses bras, il fit son entrée dans ce monde.

D'autres siècles passeront, d'autres générations contempleront ce groupe immortel. Puissent dans l'Avenir, les Mères françaises imiter le geste de cette Mère, symbole de toutes les mères, et élever l'âme de leurs fils vers l'Art, éternel charme de la vie !

Mes chers amis, en souvenir de nos aïeux illustres, levons nos verres à l'Idéal dans l'Avenir.

TABLE DES MATIÈRES

IMPRIMERIE A. COUESLANT
Cahors (Lot)

(34.664)

CARTOUCHE (dessus de porte)